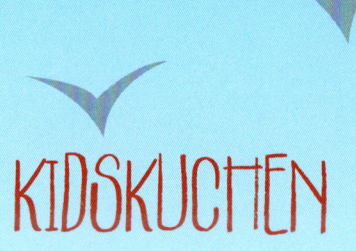

KIDSKUCHEN

Dr.Oetker

KIDSKUCHEN

schnell und unkompliziert

INHALT

4

NICK HOLL,

geborene Winke, wurde 1971 in Schleswig-Holstein geboren und verbrachte dort auch ihre Kindheit. Später lebte die gelernte Fremdsprachenkorrespondentin lange und gerne in Hamburg. Nick Holl arbeitete in verschiedenen Positionen in den größten deutschen Zeitschriftenverlagen für bekannte Titel. Ihr damaliger Freund und heutiger Ehemann überredete sie, mit ihm in den Süden von Deutschland zu gehen. Seit 2001 lebt Nick Holl mit ihrem Mann Alexander und ihren beiden kleinen, wilden Söhnen am Rand von München. Sie arbeitet als Online-Marketing-Managerin bei 121WATT. Nick Holl ist bei www.xing.de zu finden.

SABINE FUCHS,

geboren 1965, studierte Grafik-Design in Nürnberg. Nach Stationen in Werbeagenturen in Seattle, Hamburg und München machte sie sich 1995 als Art-Directorin selbstständig. 2002 wurde fuchs-design gegründet, der Schwerpunkt des Designbüros ist Buchgestaltung und Corporate-Design (www.fuchs-design.biz). Sabine Fuchs lebt mit ihrem Mann und ihren beiden Töchtern in Ottobrunn bei München.

GRUNDREZEPTE

Sie können den Kuchen, den Sie als Basis für Ihren Kidskuchen benötigen, entweder nach unten stehendem Rezept, mit einer Backmischung oder einem Ihrer Lieblingsrezepte für den trockenen, ungefüllten Kuchen aus Rühr- oder All-in-Teig zubereiten. Verwenden Sie die im Kidskuchen-Rezept angegebene Backform. Dafür bei den Springformen den Boden fetten und mit Backpapier belegen bzw. die Kastenform fetten und mehlen.

Orangenkuchen

Für etwa 12 Stücke, Zubereitungszeit: etwa 25 Minuten, ohne Abkühlzeit, Backzeit: 50-55 Minuten

Für den Teig:
270 g Weizenmehl (Type 405), 2 Pck. Dr. Oetker Pudding-Pulver Karamell-Geschmack, 3 gestr. TL Dr. Oetker Backin, 1 gestr. TL Natron, 150 g abgezogene gem. Mandeln, 1 Bio-Orange (etwa 250 g, unbehandelt, ungewachst), 1 TL gem. Zimt, 4 Eier (Größe M), 170 g Puderzucker, 200 g Schlagsahne, 200 ml Sonnenblumenöl, 1 EL Zitronensaft

1. Den Boden einer Springform (Ø 26 cm) mit Backpapier auslegen und den Springformrand auflegen und festziehen.
2. Den Backofen vorheizen. Ober-/Unterhitze: etwa 170 °C, Heißluft: etwa 150 °C.
3. Für den Teig Mehl mit Pudding-Pulver, Backpulver, Natron und Mandeln in eine Schüssel geben und vermischen.
4. Die Orange heiß abwaschen, abtrocknen und die Schale fein abreiben. Dann die Orange so schälen, dass die weiße Haut vollständig entfernt wird. Orange filetieren.
5. Abgeriebene Orangenschale, Orangenfilets, Zimt, Eier, Puderzucker, Sahne, Sonnenblumenöl und Zitronensaft in den Mixbecher des Standmixers (mindestens 1,2 l Inhalt) geben.
6. Den Becher verschließen und die Mischung etwa 1 ½ Minuten auf höchster Stufe dicklich schaumig mixen.
7. Etwa ein Drittel der Mehlmischung ebenfalls zugeben und den Becher wieder verschließen. Alles mit der „Pulse-Stufe" kurz zu einem glatten Teig mixen. Dann übrige Mehlmischung in 2 weiteren Portionen zugeben und ebenfalls geschlossen mit der „Pulse-Stufe" kurz untermixen. Teig evtl. in eine Schüssel umfüllen, mit einem Schneebesen kurz durchrühren (alternativ den Teig im Rührbecher – zuvor aus dem Gerät nehmen – mit einem Teigschaber glatt durchrühren.) .
8. Den Teig in die Springform füllen. Die Form auf dem Rost auf mittlerer Einschubleiste in den vorgeheizten Backofen schieben. Den Kuchen 50–55 Minuten backen. Backzeit Kastenform: 60–65 Minuten.
9. Den Kuchen etwa 10 Minuten in der Form auf einem Kuchenrost abkühlen lassen. Dann aus der Form lösen und noch warm, wie im Rezept angegeben, mit 120–150 g erwärmter, passierter Aprikosenkonfitüre aprikotieren. Kuchen muss ggf. etwas gerade geschnitten werden.

Schoko-Nuss-Kuchen

Für etwa 12 Stücke, Zubereitungszeit: etwa 30 Minuten, ohne Abkühlzeit, Backzeit: 40–45 Minuten

Für den Teig:
70 g Zartbitter-Kuvertüre, 130 g Weizenmehl (Type 405), 25 g Speisestärke, 4 gestr. TL Dr. Oetker Backin, 120 g abgezogene gem. Mandeln, 5 Eier (Größe M), 80 ml Haselnusssirup, 160 g Zucker, 1 Pck. Dr. Oetker Bourbon-Vanille-Zucker, 250 ml Sonnenblumenöl

1. Eine Springform (Ø 24–26 cm) fetten oder mit Backpapier auslegen.
2. Den Backofen vorheizen. Ober-/Unterhitze: etwa 180 °C, Heißluft: etwa 160 °C. Für den Teig die Kuvertüre in Stücke hacken und in einem kleinen Topf im Wasserbad bei schwacher Hitze unter Rühren schmelzen. *
3. Für den Teig die Kuvertüre in Stücke hacken und in einem kleinen Topf im Wasserbad bei schwacher Hitze unter Rühren schmelzen. *
4. Mehl mit Speisestärke, Backpulver und Mandeln in eine Schüssel geben und vermischen.
5. Eier, Sirup, Zucker und Vanille-Zucker in den Mixbecher (mindestens 1,2 l Inhalt) vom Standmixer geben. Den Becher verschließen und die Mischung etwa 1 Minute auf höchster Stufe schaumig mixen.
6. Sonnenblumenöl hinzugießen. Gut die Hälfte der Mehlmischung ebenfalls zugeben und den Becher wieder verschließen. Alles mit der „Pulse-Stufe" kurz zu einem glatten Teig mixen. Dann übrige Mehlmischung zugeben und ebenfalls bei geschlossenem Deckel mit der „Pulse-Stufe" kurz untermixen. Teig evtl. in eine Schüssel umfüllen, mit einem Schneebesen kurz durchrühren (alternativ den Teig im Rührbecher – zuvor aus dem Gerät nehmen – verrühren. Den dunklen Teig auf dem hellen Teig in der Form verstreichen und mit Zwei Drittel des Teiges in die vorbereitete Form streichen.
7. Die geschmolzene Kuvertüre mit dem restlichen Teig verrühren. Den dunklen Teig auf dem hellen Teig in der Form verstreichen und mit einer Gabel spiralförmig durchziehen, sodass ein Marmormuster entsteht. Den Kuchen etwa 40 Minuten in den vorgeheizten Backofen schieben.
8. Die Form auf den Rost stellen und auf mittlerer Einschubleiste in den vorgeheizten Backofen schieben. Den Kuchen etwa 40 Minuten (Ø 24 cm Springform) bis etwa 45 Minuten (Ø 26 cm Springform) backen.
9. Den Kuchen kurz abkühlen lassen, aus der Form lösen und noch warm, sofern im Rezept angegeben, mit 120–150 g erwärmter, passierter Aprikosenkonfitüre aprikotieren. Kuchen muss ggf. etwas gerade geschnitten werden.

Schokoladen-Honig-Kuchen

Für etwa 12 Stücke, Zubereitungszeit: etwa 25 Minuten, ohne Abkühlzeit, Backzeit: etwa 40 Minuten

Für den Teig:
100 g Weizenmehl (Type 405), 4 gestr. TL Dr. Oetker Backin, 1 gestr. TL Natron, 2 Pck. Dr. Oetker Pudding-Pulver Schokoladen-Geschmack, 100 g gem. Haselnusskerne, 50 g Zartbitter-Schokolade, 4 Eier (Größe M), 150 g flüssiger Honig, 200 ml Sonnenblumenöl, 100 ml Milch

1. Den Boden einer Springform (Ø 26 cm) mit Backpapier auslegen und den Springformrand auflegen und festziehen.
2. Den Backofen vorheizen. Ober-/Unterhitze: etwa 180 °C, Heißluft: etwa 160 °C.
3. Für den Teig Mehl mit Backpulver, Natron, Pudding-Pulver und Haselnusskernen in eine Schüssel geben und vermischen.
4. Eier, Honig und Sonnenblumenöl in den Mixbecher des Standmixers (mindestens 1,2 l Inhalt) geben.
5. Den Becher verschließen und die Mischung etwa 1 ½ Minuten auf höchster Stufe schaumig mixen. Die Milch bei laufendem Mixer durch die Deckelöffnung hineingießen.
6. Mixer ausschalten. Deckel öffnen, etwa ein Drittel der Mehlmischung zugeben und den Becher wieder verschließen. Alles mit der „Pulse-Stufe" kurz zu einem glatten Teig mixen. Dann übrige Mehlmischung in 1–2 weiteren Portionen zugeben, Mixer wieder schließen und das Mehl ebenfalls mit der „Pulse-Stufe" kurz untermixen. Teig evtl. in eine Schüssel umfüllen, mit einem Schneebesen kurz durchrühren.
7. Den Teig in die Springform füllen. Die Form auf dem Rost auf mittlerer Einschubleiste in den vorgeheizten Backofen schieben. Den Kuchen etwa 40 Minuten backen.
8. Die Form herausnehmen. Kuchen etwa 10 Minuten in der Form auf einem Kuchenrost abkühlen lassen. Dann vorsichtig aus der Form lösen und noch warm, sofern im Rezept angegeben, mit 120–150 g erwärmter, passierter Aprikosenkonfitüre aprikotieren. Kuchen muss ggf. etwas gerade geschnitten werden.

WICHTIGE TIPPS:

Kuchen lieber am Tag zuvor backen. Gut ausgekühlt lässt er sich leichter durchschneiden und krümelt dann weniger.

Werden die Kuchen in kleinen Kuchenformen gebacken (z. B. Springform Ø 15 cm), nur Backformen mit hohem Rand verwenden (keine Kinderbackformen).

Wird für ein Rezept die zwei- oder dreifache Menge eines Grundrezeptes (z. B für eine große, eckige Form/Backrahmen) benötig, die Teigmengen auch in 2 bzw. 3 Portionen zubereiten. Selbst die größte Küchenmaschine schafft es nicht, die angegebenen Teigmengen auf einmal zu verarbeiten. Die bereits zubereitete Teigportion jeweils in der Zwischenzeit im Kühlschrank zwischenlagern.

Vor dem Aprikotieren die Krümel vom Kuchen mit einem feinen Pinsel oder mittels Abpusten sorgfältig entfernen, sie markieren sich sonst später unschön unter der Zuckergussschicht oder dem Fondant-Überzug. Aprikosen-Glasur stets gut antrocknen lassen, bevor der Kuchen weiter verziert, z. B. mit Guss überzogen oder mit Fondant belegt wird.

Grundsätzlich gilt: Den Guss lieber zunächst sehr dickflüssig anrühren, dann tröpfchenweise Flüssigkeit zugeben, bis er streichfähig ist. So deckt er am besten. Sicherheitshalber lieber ein Päckchen Puderzucker mehr einkaufen und als Vorrat haben. Dann kann man, falls aus Versehen eine Gussportion zu dünn angerührt wurde, die Mischung durch weitere Zugabe von Puderzucker wieder auf die gewünschte Konsistenz andicken.

Bei kräftig eingefärbtem Zuckerguss den Puderzucker ggf. gleich mit der flüssigen Speisefarbe anrühren und nur nach und nach und tröpfchenweise Wasser zugeben, damit die gewünschte Farbe erreicht wird.

In Backshops, gut sortierten Lebensmittel-Abteilungen oder im Internet gibt es heutzutage diverse, unterschiedlich zu verwendende Speisefarben. Achten Sie beim Einkauf auf die Verarbeitungs-Hinweise. Einige Farben sind ausschließlich fettlöslich und damit z. B. zum Färben von Schokolade oder Canachemasse geeignet. Andere Farben sind ausschließlich wasserlöslich (z. B. für Zuckerguss) und einige Farben reagieren auf saure Zutaten (z. B. Zitronensaft) mit Farbveränderungen.

Bei Verwendung von Speisefarbe in Pulverform diese zunächst nach Packungsanleitung anrühren, dann weiterverarbeiten.

Für weiße Schokolade gibt es spezielle, fettlösliche Speisefarbe. Wird in Schokolade wasserhaltige Speisefarbe eingerührt, krümelt die Mischung und ist als Guss nicht mehr so gut geeignet.

Auch zum Einfärben von Fondant bitte vorab die Farben auf Tauglichkeit prüfen.

Beim Einkauf von Fondant lieber eine großzügige Menge einkaufen. Die Masse lässt sich so einfacher und gleichmäßiger dünn ausrollen. Reste können, zur Kugel geformt und dann in einem Gefrierbeutel luftdicht verschlossen, mindestens 6 Monate aufbewahrt werden. Dann beim Ausrollen besonders darauf achten, dass keine Kuchenkrümel in die Fondantmasse geraten.

Bei fast allen Torten werden mit Schablonen oder freier Hand Motive aus den Kuchenböden ausgeschnitten. (www.oetker-verlag.de/kidskuchen)

Die übrig bleibenden Kuchenreste können zerkrümelt prima als Topping z. B. für fruchtige Desserts, als Schichten für Cremedesserts oder für Cakepops verwendet werden. Die Kuchenreste lassen sich auch problemlos etwa 4 Monate einfrieren.

Blitz-Cake-Pops aus »Kuchenresten« (ohne Backen)

8–10 Stück
Zubereitungszeit: 15 Minuten
Kühlzeit: etwa 1 Stunde
50 g Zartbitter- oder weiße Kuvertüre
30 g beliebige Konfitüre
(z. B. Kirsch- oder Aprikose)
150 g beliebige Kuchenreste
(z. B. Rührteigkuchen)
25 g Doppelrahm-Frischkäse
Nach Belieben: z. B. weihnachtliche Gewürz-mischung, gem. Zimt, gem. Vanilleschoten oder Orangenschale
50–75 g Raspelschokolade (nach Geschmack Zartbitter-, Vollmilch- oder weiße Raspel-schokolade), Zuckerstreusel oder Streudekor

1. Kuvertüre klein hacken, in einem kleinen Topf im Wasserbad bei schwacher Hitze unter Rühren schmelzen. Konfitüre erwärmen.

2. Kuchenreste in eine Rührschüssel geben und mit den Händen sehr fein zerbröseln. Frischkäse und geschmolzene Kuvertüre (bei Verwendung von weißer Kuvertüre diese nicht mit dem Frischkäse verrühren, sondern Frischkäse und weiße Kuvertüre getrennt zu den Kuchenbröseln geben) gründlich verrühren. Mit der Konfitüre zu den Kuchenbröseln geben und alles rasch mit dem Mixer (Rührstäbe) zu einer gleichmäßigen, weichen Masse verrühren. Nach Belieben Gewürze unterrühren. Die Masse evtl. kurz in den Kühlschrank stellen.

3. Raspelschokolade auf einem flachen Teller verteilen. Jeweils etwa 1 gehäuften Teelöffel der Brösel-Schokoladen-Masse abnehmen, zwischen den Handflächen zu Kugeln formen (dabei evtl. Einweghandschuhe tragen) und dann in der Raspelschokolade wälzen. Die Kugeln auf einen Teller setzen und die Lollistiele vorsichtig etwa 2 cm tief in die Mitte der Kugeln stecken. Die Blitz-Cake-Pops mindestens 1 Stunde in den Kühlschrank stellen und fest werden lassen.

4. Die Blitz-Cake-Pops sind gekühlt (Kühlschrank) etwa 4 Tage haltbar.

Ergibt etwa 10 Cake-Pop-Lollistiele/-sticks

10

RITTERSCHILD

Zum Backen braucht man: 3 Grundrezepte Schokokuchen (von Seite 7), eine Springform (24 cm x 35 cm), 250 g Aprikosenkonfitüre, 1 EL Wasser Zutaten für die Deko: 750 g Puderzucker, süßer Streudekor (silberne Kugeln), rotes Lakritzkonfekt

1. Aus dem Kuchen mithilfe einer Schablone ein Ritterschild ausschneiden. **2.** Aprikosenkonfitüre durch ein Sieb streichen, mit Wasser unter Rühren aufkochen. Den Kuchen sofort nach dem Backen damit bestreichen. **3.** 750 g Puderzucker mit Wasser zu einem dickflüssigen Guss verrühren. Kuchen damit überziehen. **4.** In den noch feuchten Guss die silberfarbenen Kugeln entlang des Randes dicht an dicht setzen. **5.** Das rote Lakritzkonfekt in der Mitte des Schildes als Kreuz legen und evtl. mit den silbernen Kugeln einfassen.

12

GICCI BAG

Zum Backen braucht man: 1 Grundrezept Orangenkuchen (von Seite 6), 1 runde Springform (ø 24 cm), 3 EL Aprikosenkonfitüre, 1 EL Wasser Zutaten für die Deko: 400 g Puderzucker, rote und gelbe Speisefarbe, bunte Fruchtschnecken, 50 g Marzipan-Rohmasse, 1 TL Puderzucker

1. Den Kuchen an zwei Seiten in Form schneiden. Aprikosenkonfitüre durch ein Sieb streichen, mit Wasser unter Rühren aufkochen. Den Kuchen sofort nach dem Backen damit bestreichen. 2. Puderzucker mit Wasser zu einer dickflüssigen Masse verrühren. Gelbe und etwas rote Speisefarbe hinzufügen, bis der Zuckerguss die gewünschte Farbe erhält. Kuchen damit überziehen. 3. Drei braune Fruchtschnecken entrollen. Aus den Einzelschnüren den Henkel flechten. Mit zwei weiteren braunen Einzelschnüren die Tasche »einfassen«. Eine orange Fruchtschnecke mit Zuckerguss als Knopf anbringen. 4. Das Marzipan mit roter Speisefarbe und etwas Puderzucker verkneten und zu einer Blume formen. Eine rote Fruchtschnur klein schneiden und als Punkte in den Zuckerguss drücken.

14

DALMATINER PONGA

Zum Backen braucht man: 2 Grundrezepte Schokokuchen (von Seite 7), 1 Springform (ø 24 cm),
6–7 EL Aprikosenkonfitüre, 1 EL Wasser
Zutaten für die Deko: 50 g Marzipan-Rohmasse, 1 EL Puderzucker, rote, gelbe und blaue Speisefarbe,
400 g weiße Kuvertüre, je 1 weiße und schwarze Schokolinse, Cola-Schnüre, weiße und braune Zuckerschrift

1. Beide Kuchen auf der Oberseite gerade schneiden und umdrehen. Aus den Kuchen mithilfe der Schablone den Hundekopf ausschneiden. 2. Aprikosenkonfitüre durch ein Sieb streichen, mit Wasser unter Rühren aufkochen. Den Kuchen damit bestreichen. 3. Marzipan mit Puderzucker verkneten. Marzipanmasse dritteln. Je ein Drittel grün, rot und gelb färben, ausrollen und daraus das Halsband und die Zunge ausschneiden. 4. Die Kuvertüre nach Packungsanleitung schmelzen. Die Schnauze mit der Kuvertüre an den Kopf kleben. Den Kuchen mit der Kuvertüre überziehen. 5. In den noch feuchten Guss die weiße Schokolinse als Auge und die schwarze als Nase anbringen und die Cola-Schnüre als Umrandung setzen. Das Marzipanhalsband und die Marzipanzunge ankleben. 6. Die Punkte mit der braunen Zuckerschrift auf den getrockneten Guss malen, zuletzt mit weißer Zuckerschrift auf das Auge einen Reflex setzen.

15

16

BLUE ROBOFIGHTER

Zum Backen braucht man: 1 Grundrezept Schokokuchen (von Seite 7), eine Springform (ø 26 cm), 4–5 EL Aprikosenkonfitüre, 1 EL Wasser Zutaten für die Deko: 500 g Puderzucker, blaue Speisefarbe, weiße Zuckerschrift

1. Aus dem Kuchen mithilfe einer Schablone einen Robofighter schneiden. Aprikosenkonfitüre durch ein Sieb streichen, mit Wasser unter Rühren aufkochen. Den Kuchen damit bestreichen.

2. Puderzucker mit Wasser zu einem dickflüssigen Guss verrühren, mit Speisefarbe einfärben und den Kuchen damit überziehen.

3. Mit der weißen Zuckerschrift das Gesicht malen.

WICKI-HJÄLM

Zum Backen braucht man: 2 Grundrezepte Orangenkuchen (von Seite 6), 1 kleine runde Springform (ø 18 cm), 6 EL Aprikosenkonfitüre, 1 EL Wasser Zutaten für die Deko: 100 g weiße Kuchenglasur, 2 Eishörnchen, 100 g Marzipan-Rohmasse, 1 EL Puderzucker, 500 g Puderzucker, blaue und gelbe Speisefarbe, 2 runde Kekse (mit weißer Schokolade überzogen)

1. Zweimal das Rezept in der kleinen Springform backen.

2. Einen Kuchen auf der Oberseite gerade schneiden und umdrehen. Den zweiten Kuchen mit dem Messer rund (zu einer Kuppel) schneiden. Den jetzt runden Kuchen mit Konfitüre auf den ersten Kuchen kleben.

3. Die weiße Kuchenglasur nach Packungsanleitung schmelzen. Die Eishörnchen mit dem Backpinsel mit der weißen Kuchenglasur überziehen.

4. Marzipan mit 1 Esslöffel Puderzucker verkneten. Etwas Marzipan mit der blauen Speisefarbe blau färben, ausrollen und mit dem Messer eine »1« ausschneiden. Aus dem restlichen Marzipan für den Helmrand eine Rolle formen.

5. Puderzucker mit Wasser zu einer dickflüssigen Masse verrühren. Den Zuckerguss mit blauer und etwas gelber Speisefarbe färben, bis der Guss den gewünschten Ton erhält. Den Kuchen damit überziehen.

6. Die weißen Kekse und die Waffelhörner in den noch feuchten Guss setzen. Den Helmrand anbringen und die blaue »1« auf ein Schild kleben.

19

GLAMOUR PLATEAU

Zum Backen braucht man: 3 Grundrezepte Schokokuchen (von Seite 7), 1 Springform (24 cm x 35 cm), 6–7 EL Aprikosenkonfitüre, 1 EL Wasser Zutaten für die Deko: 600 g Puderzucker, blaue und rote Speisefarbe, rosa Liebesperlen, 1 Dose (5 g) Glitzerstaub, rote Zuckerschrift

1. Den Kuchen mithilfe einer Schablone zuschneiden. **2.** Aprikosenkonfitüre durch ein Sieb streichen, mit Wasser unter Rühren aufkochen. Den Kuchen damit bestreichen. **3.** Pappe als Abgrenzung zwischen Schuh und Schuheinstieg leicht in den Kuchen stecken. **4.** 100 g Puderzucker und Wasser zu einem dickflüssigen Guss verrühren. Mit blauer Speisefarbe einfärben. Den Schuheinstieg mit dem Guss bedecken. **5.** 500 g Puderzucker mit Wasser zu einem dickflüssigen Guss verrühren. Mit roter Speisefarbe tönen. Auf den restlichen Kuchen geben. **6.** Die Pappe mithilfe eines nassen Messers vorsichtig wieder lösen. Schuhrückseite mit rosa Liebesperlen besetzen. **7.** Glitzerstaub auf dem fast trockenen, roten Guss verteilen. **8.** Den Schuh mit roter Zuckerschrift umranden.

GITARRE

Zum Backen braucht man: 3 Grundrezepte Schokokuchen (von Seite 7), 1 Springform (24 cm x 35 cm)), 6–7 EL Aprikosenkonfitüre, 1 EL Wasser Zutaten für die Deko: 450 g Puderzucker, 300 g Vollmilch-Schokoglasur, Lakritz-Dragees, Lakritz-Konfekt-Stückchen, weiße Zuckerschrift, gold-farbene Deko-Perlen, Zahnstocher

1. Den Kuchen mithilfe von Schablonen zuschneiden. 2. Aprikosen-konfitüre durch ein Sieb streichen, mit Wasser unter Rühren aufkochen. Kuchen nur auf der Gitarrendecke aprikotieren. 3. 450 g Puderzucker mit Wasser zu einem dickflüssigen Guss verrühren und die Gitarrendecke damit färben. Guss gut trocknen lassen 4. Den Gitarrengriff mit ge-schmolzener Schokoglasur überziehen und in die noch feuchte Glasur die Lakritz-Dragees legen, sowie die Lakritz-Konfekt-Stückchen seitlich mit-hilfe von Zahnstochern setzen. 5. Die Saiten mit der weißen Zucker-schrift malen. 6. Die Deko-Perlen und die Lakritz-Dragees drapieren.

24

EISBÄR FINN

Zum Backen braucht man: 1 Grundrezept Schokokuchen (von Seite 7), 1 Springform (ø 24 cm), 1 Mini-Papiermuffinförmchen), 4–5 EL Aprikosenkonfitüre, 1 EL Wasser Zutaten für die Deko: 400 g weiße Schokoladenglasur, 50 g Marzipan-Rohmasse, 1 TL Puderzucker, blaue und gelbe Speisefarbe, weiße Raspelschokolade, braune Schokolinsen, braune und weiße Zuckerschrift

1. Zusätzlich zu der Springform das Muffinförmchen mit 1 Esslöffel Teig füllen und backen. 2. Den großen Kuchen umdrehen und aus dem fertigen Kuchen den Bärenkopf ausschneiden. 3. Den Muffin an der Oberseite gerade abschneiden. 4. Aprikosenkonfitüre durch ein Sieb streichen, mit Wasser unter Rühren aufkochen. Den Muffin für die Schnauze umgedreht mit der Konfitüre auf den Kuchen kleben. Den Kuchen mit der Konfitüre bestreichen. Glasur nach Packungsanleitung schmelzen. 5. Marzipan mit Puderzucker und etwas blauer und gelber Speisefarbe gut verkneten. Marzipan dünn ausrollen. Ohren ausschneiden. Aus dem restlichen Marzipan die Schleife formen. 6. Den Kuchen mit der Glasur überziehen und Raspelschokolade auf den noch feuchten Guss streuen. Braune Schokolinsen als Augen und Nase aufsetzen. Ohren und Schleife sofort ankleben, mit der weißen Zuckerschrift die Pupillen und mit der braunen Zuckerschrift das Mäulchen aufmalen.

TIPPI

Zum Backen braucht man: 1 Grundrezept Schokokuchen (von Seite 7), 1 Springform (ø 26 cm), 4–5 EL Aprikosenkonfitüre, 1 EL Wasser Zutaten für die Deko: 500 g weißer Rollfondant, 250 g roter Rollfondant, 250 g blauer Rollfondant, weiße Zuckerschrift, Schokoladenstäbchen

1. Den fertigen Kuchen zu einem Tippi schneiden. Aprikosenkonfitüre durch ein Sieb streichen, mit Wasser unter Rühren aufkochen. Den Kuchen damit bestreichen. **2.** Die Rollfondants jeweils ausrollen. Mit der weißen Masse das Tippi komplett einhüllen, aus dem roten und blauen die gewünschten Muster schneiden und mithilfe der Zuckerschrift auf das Tippi kleben. **3.** Schokoladenstäbchen als Zeltstangen oben in den oberen schmalen Teil des Kuchens stecken.

LOTTAFEE

Zum Backen braucht man: 3 Grundrezepte Schokokuchen (von Seite 7), eine große Springform (24 cm x 35 cm), 6–7 EL Aprikosenkonfitüre, 1 EL Wasser Zutaten für die Deko: 750 g Puderzucker, lila und rosa Speisefarbe, Glitzerstaub, gelbe Fruchtschnecken, 1 Esspapierblume, blaue, braune und rote Zuckerschrift, Konfektstange

1. Mithilfe einer Schablone eine Fee ausschneiden. 2. Aprikosenkonfitüre durch ein Sieb streichen, mit Wasser unter Rühren aufkochen. Den Kuchen sofort nach dem Backen damit bestreichen. 3. 400 g Puderzucker mit Wasser zu einem dickflüssigen Guss verrühren, lila einfärben und das Kleid überziehen. 4. 300 g Puderzucker mit Wasser zu einem dickflüssigen Guss verrühren, rosa einfärben. Die Flügel damit versehen. 5. Auf den noch feuchten Guss den Glitzer verteilen. 6. Restlichen rosa Guss mit 50 g Puderzucker heller färben und das Gesicht tünchen. 7. Gelbe Fruchtschnecken zurechtschneiden und als Haare in den noch feuchten Guss setzen. Die Esspapierblume mit etwas Zuckerschrift ankleben. 8. Auf den trockenen Guss mit der bunten Zuckerschrift das Gesicht malen und die Konfektstange als Zauberstock verwenden.

30

SKATEBOARD

Zum Backen braucht man: 3 Grundrezepte Schokokuchen (von Seite 7), 1 Springform (24 cm x 35 cm), 7 EL Aprikosenkonfitüre, 1 EL Wasser Zutaten für die Deko: 500 g dunkle Schokoladenglasur (oder Zartbitter-Kuvertüre), 250 g roter Rollfondant, 2 Holzspieße, 4 weiße Marshmallows

1. Aus dem fertigen Kuchen das Skateboard ausschneiden. **2.** Aprikosenkonfitüre durch ein Sieb streichen, mit Wasser unter Rühren aufkochen. Den Kuchen sofort nach dem Backen damit bestreichen. **3.** Schokoladenglasur oder Kuvertüre nach Packungsanleitung schmelzen und auf den Kuchen geben. **4.** Roten Rollfondant ausrollen, gewünschte Muster mit einem kleinen Messer ausschneiden und auf die fast trockene Schokoladenglasur legen. **5.** Länge der Holzspieße der Breite des Skateboards anpassen, die Marshmallows auf die Spieße stecken und damit die Räder des Skateboards gestalten.

NEW YORK, NEW YORK

Zum Backen braucht man: 2 Grundrezepte Orangenkuchen (von Seite 6), 1 Springform (24 cm x 35 cm), 6 EL Aprikosenkonfitüre, 1 EL Wasser Zutaten für die Deko: 400 g dunkle Schokoladenglasur, 100 g Marzipan-Rohmasse, 1 TL Puderzucker, gelbe Speisefarbe, weiße Zuckerschrift

1. Aus dem Kuchen mithilfe einer Schablone die Skyline ausschneiden. Aprikosenkonfitüre durch ein Sieb streichen, mit Wasser unter Rühren aufkochen. Den abgeschnittenen Turm auf der linken Seite mit etwas Konfitüre an den zweiten Turm von rechts kleben, eine kleine Turmspitze mit dem Messer ausschneiden. 2. Den gesamten Kuchen aprikotieren. Glasur nach Packungsanleitung schmelzen. 3. Marzipan mit Puderzucker verkneten. Marzipan gelb färben und ausrollen. Mit einem Messer kleine Fenster ausschneiden 4. Den Kuchen mit der Glasur überziehen. Die Fenster auf die schon fast vollständig gehärtete Glasur kleben. 5. Die Skyline mit der weißen Zuckerschrift umranden.

RAUPINO

Zum Backen braucht man: 2 Grundrezepte Schokokuchen (von Seite 7), 1 Kastenform (25 x 11 cm), 1 Springform (ø 26 cm),), 6–7 EL Aprikosenkonfitüre, 1 EL Wasser
Zutaten für die Deko: 300 g dunkle Schokoladenglasur, 300 g Puderzucker, gelbe Speisefarbe, Schokoladenstäbchen, Lakritz-Konfekt-Stückchen, braune Zuckerschrift, 1 Schoko-Butterkeks

1. Den Kuchen aus der Springform zu einem rechteckigen großen Stück als Kettenräder schneiden. Vorne und hinten mittig etwas wegschneiden. Aprikosenkonfitüre durch ein Sieb streichen, mit Wasser unter Rühren aufkochen. Den Kuchen damit bestreichen. 2. Den Kuchen mit geschmolzener Schokoglasur überziehen. 3. Den Kuchen aus der Kastenform oben begradigen, ein Drittel für die Fahrgastkabine wegschneiden und auf den Rest des Kuchens setzen. Aprikotieren. 4. 300 g Puderzucker mit Wasser zu einem dickflüssigen Guss verrühren, mit gelber Speisefarbe einfärben und die Raupe damit überziehen. Mit den Schokoladenstäbchen die Schornsteine bilden und das Dach verzieren. Konfekt-Stückchen als Scheinwerfer aufsetzen. 5. Guss trocknen lassen. Die Raupe mittig auf die Räder setzen. 6. Mit der Zuckerschrift die Fenster malen. Der Butterkeks ist die Schaufel.

TOTENKOPFFLAGGE

Zum Backen braucht man: 3 Grundrezepte Schokokuchen (von Seite 7), eine Springform (24 cm x 35 cm), 7 EL Aprikosenkonfitüre, 1 EL Wasser Zutaten für die Deko: 750 g Puderzucker, schwarze Speisefarbe, 250 g weißer Rollfondant

1. Den Kuchen aus der Springform nehmen und mithilfe einer Schablone zu einer Flagge schneiden. 2. Aprikosenkonfitüre durch ein Sieb streichen, mit Wasser unter Rühren aufkochen. Den Kuchen sofort nach dem Backen damit bestreichen. 3. 750 g Puderzucker mit Wasser zu einem dickflüssigen Guss verrühren, den Guss schwarz einfärben und den Kuchen damit überziehen. Trocknen lassen. Restlichen Guss beiseitestellen. 4. Rollfondant ausrollen. Knochen und Totenschädel mit einem kleinen Messer herausschneiden. 5. Mithilfe des restlichen Gusses auf den Kuchen kleben.

38

HEXE

Zum Backen braucht man: 2 Grundrezepte Schokokuchen (von Seite 7), eine Springform (ø 26 cm), 4–5 EL Aprikosenkonfitüre, 1 EL Wasser Zutaten für die Deko: 300 g Puderzucker, grüne Speisefarbe, bunte Schokolinsen, bunte Fruchtschnecken, 300 g Zartbitter-Schokolade, 1 Esspapierblume, Dekor-Konfekt, grüne und rote Zuckerschrift

1. Den ersten Kuchen aus der Springform nehmen und mithilfe einer Schablone zum Hexengesicht schneiden. 2. Den zweiten Kuchen zu einem Hut passend zum oberen Gesichtsteil schneiden. Aprikosenkonfitüre durch ein Sieb streichen, mit Wasser unter Rühren aufkochen. Den Kuchen damit bestreichen. 3. 300 g Puderzucker mit Wasser zu einem dickflüssigen Guss verrühren, grün einfärben und das Gesicht damit überziehen. 4. Eine grüne Schokolinse als Auge einsetzen. Die Warzen ins Gesicht setzen. 5. Schnecken in 2 verschiedenen Längen schneiden und in den noch feuchten Guss als Haare legen. 6. Den Hutteil mit geschmolzener Schokolade überziehen. 7. Aus weiteren Schnecken noch 2 gleich lange Hutbänder schneiden und in den noch feuchten Schokoguss setzen. Dazu die Esspapierblume platzieren und den Hut mit Dekor-Konfekt garnieren. 8. Mit grüner Zuckerschrift das Gesicht umranden und die Augenbrauen ziehen. Mit roter Zuckerschrift den Mund malen.

RENNAUTO

Zum Backen braucht man: 1 Grundrezept Schokokuchen (von Seite 7), 1 Kastenform (25 x 11 cm), 4–5 EL Aprikosenkonfitüre, 1 EL Wasser Zutaten für die Deko: 500 g blauer Rollfondant, 250 g roter Rollfondant, 250 g weißer Rollfondant, weiße und schwarze Zuckerschrift, Lakritz-Konfekt-Stückchen, 4 Lakritzschnecken

1. Den fertigen Kuchen oben gerade schneiden und einen Teil des Kuchens abtrennen, um ihn als Fahrgastraum auf den Kuchen zu setzen. Aprikosenkonfitüre durch ein Sieb streichen, mit Wasser unter Rühren aufkochen. Den Kuchen damit bestreichen. **2.** Die Rollfondants jeweils ausrollen. Mit der blauen Masse das Auto komplett einkleiden, aus dem roten Rollfondant einen langen Streifen schneiden und über das Auto legen (Fenster aussparen!). Den weißen Rollfondant als Fenster nutzen. **3.** Mit der weißen Zuckerschrift die Zahlen auf das Auto schreiben, mit der schwarzen Farbe die Stoßstange malen. Konfekt zerschneiden und mithilfe der Zuckerschrift als Scheinwerfer ankleben.Die Lakritzschnecken mit Zuckerschrift als Räder an den Kuchen ankleben.

PINK KITTY

Zum Backen braucht man: 1 Grundrezept Schokokuchen (von Seite 7), 1 Springform (ø 26 cm), 3 EL Aprikosenkonfitüre, 1 EL Wasser Zutaten für die Deko: 100 g Marzipan-Rohmasse, 1 EL Puderzucker, rote Speisefarbe, 300 g Puderzucker, 2 weiße Schokolinsen, 1 rosa Marshmallow, weiße und braune Zuckerschrift

1. Aus dem Kuchen mithilfe einer Schablone eine Katze ausschneiden. Aprikosenkonfitüre durch ein Sieb streichen, mit Wasser unter Rühren aufkochen. Den Kuchen damit bestreichen. **2.** Marzipan mit 1 Esslöffel Puderzucker verkneten, ausrollen und die Schleife ausschneiden. Zu dem restlichen Marzipan etwas rote Speisefarbe zugeben, bis das Marzipan die gewünschte Farbe für die Ohren hat. Marzipan ausrollen und mit dem Messer zwei kleine Dreiecke für die Ohren ausschneiden. **3.** Puderzucker mit Wasser zu einem dickflüssigen Guss verrühren. Guss mit roter Speisefarbe zu einem hellen Rosa-Ton mischen und den Kuchen damit überziehen. **4.** Die Marzipanohren und -schleife, die Schokolinsenaugen und die Marshmallownase in den noch feuchten Guss setzen. **5.** Mit der weißen Zuckerschrift das Mäulchen auf den Guss zeichnen, mit der braunen Zuckerschrift die Pupillen auf die Schokolinsen malen.

43

P2C2-ROBOTER

Zum Backen braucht man: 1 Grundrezept Schokokuchen (von Seite 7), eine Springform (ø 26 cm), 4–5 EL Aprikosenkonfitüre, 1 EL Wasser *Zutaten für die Deko:* 500 g Puderzucker, Lakritz-Konfekt-Stückchen, rote Schokolinsen, rote Speisefarbe

1. Den Kuchen aus der Springform nehmen und mithilfe einer Schablone einen Roboter ausschneiden. **2.** Aprikosenkonfitüre durch ein Sieb streichen, mit Wasser unter Rühren aufkochen. Den Kuchen sofort nach dem Backen damit bestreichen. **3.** 300 g Puderzucker mit Wasser zu einem dickflüssigen Guss verrühren und den Kuchen damit überziehen. Den Kopf aussparen. In den noch feuchten Guss das Lakritz-Konfekt und die Schokolinsen setzen. **4.** Die roten Linien und Punkte erst aufmalen, wenn der Guss vollständig getrocknet ist. **5.** Den weißen Guss exakt am Anfang des Kopfes geradeschneiden. **6.** Restlichen Puderzucker mit Wasser und roter Speisefarbe zu einem dickflüssigen Guss verrühren und den Kopf damit einfärben. **7.** In den noch feuchten Guss weiteres Lakritz-Konfekt setzen.

MASTER DYADO

Zum Backen braucht man: 2-3 Grundrezepte Schokokuchen (von Seite 7), 1 Springform (24 x 35 cm), 6 EL Aprikosenkonfitüre, 1 EL Wasser Zutaten für die Deko: 500 g Puderzucker, blaue Speisefarbe, Lakritz-Konfekt-Stückchen, schwarze Zuckerschrift, 400 g gelber Rollfondant, 250 g grüner Rollfondant

1. Aus dem Kuchen mithilfe einer Schablone die Figur ausschneiden. **2.** Aprikosenkonfitüre durch ein Sieb streichen, mit Wasser unter Rühren aufkochen. Den Kuchen damit bestreichen. **3.** Puderzucker mit Wasser zu einem dickflüssigen Guss verrühren. So viel blaue Speisefarbe dazugeben, bis der Guss den gewünschten Ton erhält. Den Kuchen damit überziehen. **4.** Lakritz-Konfekt einmal durchschneiden und als Augen in den noch feuchten Guss setzen. **5.** Guss fest werden lassen. **6.** Mit schwarzer Zuckerschrift das Gesicht malen. **7.** Gelben Rollfondant ausrollen, in 2 gleich große Stücke teilen und als Mantel auf den trockenen Guss legen. **8.** Aus dem grünen Rollfondant einen Gehstock formen und in die Mantelöffnung setzen. **9.** Mit der schwarzen Zuckerschrift die Füße und die Finger an den Stock malen.

FASHIONISTA-BAG

Zum Backen braucht man: 1 Grundrezept Orangenkuchen (von Seite 6), 1 quadratische Springform (24 cm x 24 cm), 3–4 EL Aprikosenkonfitüre, 1 EL Wasser Zutaten für die Deko: 3 rote Frucht-schnecken, 300 g Puderzucker, blaue und gelbe Speisefarbe, 100 g Marzipan-Rohmasse, rote Speisefarbe

1. Den Kuchen rechteckig zuschneiden. Aprikosenkonfitüre durch ein Sieb streichen, mit Wasser unter Rühren aufkochen. Den Kuchen sofort nach dem Backen damit bestreichen. **2.** Drei rote Frucht-schnecken entrollen. Aus den Einzelschnüren den Henkel flechten. Kleine Löcher in den Kuchen schneiden und den Henkel in den Ku-chen stecken. **3.** Puderzucker mit Wasser zu einem dickflüssigen Guss verrühren. Blaue und etwas gelbe Speisefarbe dazugeben, bis der Guss türkis ist. Den Kuchen damit überziehen. **4.** Das Marzipan ausrollen, Herz ausschneiden und mit einem Pinsel das Marzipan mit der roten Speisefarbe bemalen. Herz auf der »Tüte« anbringen.

49

TRIKOT

Zum Backen braucht man: 3 Grundrezepte Schokokuchen (von Seite 7), eine Springform (24 cm x 35 cm), 8 EL Aprikosenkonfitüre, 1 EL Wasser Zutaten für die Deko: 1 kg grüner Rollfondant, 100 g gelber Rollfondant, gelbe Speisefarbe

1. Aus dem Kuchen mithilfe einer Schablone ein Trikot ausschneiden.
2. Grünen Rollfondant ausrollen und auf den Kuchen legen.
3. Den gelben Rollfondant ausrollen und zwei Zahlen ausschneiden. Mit etwas Speisefarbe ankleben. **4.** Mit gelber Speisefarbe den gewünschten Namen über die Zahlen schreiben.

52

I-LIKE-BUTTON

Zum Backen braucht man: 1 Grundrezept Schokokuchen (von Seite 7), eine Springform (ø 26 cm), 4–5 EL Aprikosenkonfitüre, 1 EL Wasser Zutaten für die Deko: 350 g Puderzucker, blaue Speisefarbe, blaue Zuckerschrift

1. Aus dem Kuchen mithilfe einer Schablone einen I-like-Button ausschneiden. **2.** Aprikosenkonfitüre durch ein Sieb streichen, mit Wasser unter Rühren aufkochen. Den Kuchen sofort nach dem Backen damit bestreichen. **3.** 200 g Puderzucker mit Wasser zu einem dickflüssigen Guss verrühren und »die Hand« damit überziehen. **4.** 150 g Puderzucker mit Wasser zu einem dickflüssigen Guss verrühren und blau einfärben. Den Ansatz des »Ärmels« damit überziehen. **5.** Mit der blauen Zuckerschrift den Kuchen einrahmen.

INLINER

Zum Backen braucht man: 3 Grundrezepte Schokokuchen (von Seite 7), 1 Springform (24 cm x 35 cm), 7–8 EL Aprikosenkonfitüre, 1 EL Wasser Zutaten für die Deko: 650 g Puderzucker, rote und schwarze Speisefarbe, 4 Lakritzschnecken, weiße und rote Zuckerschrift, 250 g weißer Rollfondant

1. Aus dem Kuchen mithilfe einer Schablone einen Inliner schneiden. 2. Aprikosenkonfitüre durch ein Sieb streichen, mit Wasser unter Rühren aufkochen. Den Kuchen damit bestreichen. 3. 450 g Puderzucker mit Wasser zu einem dickflüssigen Guss verrühren, mit roter Speisefarbe einfärben. Den Inlinerschuh damit überziehen. 4. 200 g Puderzucker mit Wasser zu einem dickflüssigen Guss verrühren, mit schwarzer Speisefarbe einfärben und die Bremse sowie die Sohle des Schuhs überziehen. 5. Mit einem Messer vier kleine Schlitze in die Unterseite des Inliners schneiden und die Lakritzschnecken einsetzen. 6. Mit der Zuckerschrift und der schwarzen Speisefarbe den Schuh bemalen. 7. Den weißen Rollfondant ausrollen, einen Streifen ausschneiden und zwischen Sohle und Schuh legen.

55

WISCH-PHONE

Zum Backen braucht man: 1 Grundrezepte Orangenkuchen (von Seite 6), 1 quadratische Springform (24 x 24 cm), 2–3 EL Aprikosenkonfitüre, 1 EL Wasser Zutaten für die Deko: 100 g dunkle Schokoladenglasur, 300 g Puderzucker, rote, gelbe, blaue Speisefarbe, 50 g Marzipan-Rohmasse, 1 EL Puderzucker, weiße und braune Zuckerschrift

1. Den Kuchen rechteckig ausschneiden. Aprikosenkonfitüre durch ein Sieb streichen, mit Wasser unter Rühren aufkochen. Den Kuchen sofort nach dem Backen damit bestreichen. 2. Schokoladenglasur nach Packungsanleitung schmelzen und mit einem Backpinsel die Glasur in der Mitte des Kuchens anbringen. Trocknen lassen! 3. Puderzucker mit Wasser zu einer dickflüssigen Masse verrühren. Mit der gelben und blauen Farbe grün färben. Den Guss ebenso mit dem Pinsel auf den Kuchen malen. 4. Für die Icons Marzipan mit einem Esslöffel Puderzucker verkneten, ausrollen und in kleine Rechtecke schneiden. Mit Speisefarbe und der Zuckerschrift die Apps aufmalen. Die Marzipanapps mit etwas Zuckerschrift ankleben. 5. Den Ausschaltknopf und den Lautsprecher mit brauner Zuckerschrift aufmalen.

PRINZESSINENSCHLOSS

Zum Backen braucht man: 2 Grundrezepte Schokokuchen (von Seite 7), eine Springform (ø 26 cm) sowie eine runde Backform (ø 15 cm), Backzeit für den Kuchen in der kleinen Springform bei Ober-/Unterhitze: etwa 170 °C etwa 50 Minuten, in den letzten 15 Minuten der Backzeit mit Backpapier zudecken. 4–5 EL Aprikosenkonfitüre, 1 EL Wasser Zutaten für die Deko: 850 g Puderzucker, rote und blaue Speisefarbe, 5 Eishörnchen, 250 g rosa oder weißer Rollfondant, 1 Holzspieß, rosa Papier, rote Zuckerschrift

1. Den Kuchen aus der Springform oben gerade schneiden. Aprikosenkonfitüre durch ein Sieb streichen, mit Wasser unter Rühren aufkochen. Den großen Kuchen mit etwas Konfitüre bestreichen. Den kleineren Kuchen daraufsetzen. Den gesamten Kuchen aprikotieren. **2.** 750 g Puderzucker mit Wasser zu einem dickflüssigen Guss verrühren, rosa einfärben und den Kuchen damit überziehen. **3.** 100 g Puderzucker mit Wasser zu einem dickflüssigen Guss verrühren und lila färben. Eishörnchen damit sparsam farbig gestalten und 4 davon auf den unteren Kuchen stellen. Das letzte oben auf den Kuchen stecken. **4.** Den Rollfondant zu kleinen Kugeln formen und als Mauer auf dem Kuchen verteilen. Eine Flagge aus dem Holzspieß und dem rosa Papier basteln und in die obere Waffel stecken. **5.** Auf dem oberen Kuchenteil mit roter Zuckerschrift eine Umrandung malen.

59

COOLER SNEAKER

Zum Backen braucht man: 2 Grundrezepte Orangenkuchen (von Seite 6), 1 Springform (ø 24 cm), 4–5 EL Aprikosenkonfitüre, 1 EL Wasser Zutaten für die Deko: 100 g Marzipan-Rohmasse, 1 El Puderzucker, 500 g Puderzucker, blaue und gelbe Speisefarbe, braune und weiße Zuckerschrift

1. Beide Kuchen gerade schneiden und umdrehen und mithilfe der Schablone ausschneiden. 2. Aprikosenkonfitüre durch ein Sieb streichen, mit Wasser unter Rühren aufkochen. Die Kuchen sofort nach dem Backen damit bestreichen und die beiden Kuchenteile zusammenkleben. 3. Marzipan mit einem Esslöffel Puderzucker verkneten und ausrollen. Die Sohle, die Schuhspitze, das Label und die Schnürsenkel mit einem Messer ausschneiden. 4. Puderzucker mit Wasser zu einem dickflüssigen Guss verrühren. So viel blaue und gelbe Speisefarbe dazugeben, bis der Guss den gewünschten Ton erhält. 5. Die Sohle, die Schuhspitze, das Label und die Schnürsenkel aus Marzipan auf den noch feuchten Guss legen. 6. Mit brauner und weißer Zuckerschrift ein Label aufmalen und den Schuh verzieren.

MÜLL-AUTO SCHLUCKI

Zum Backen braucht man: 4 Grundrezepte Orangenkuchen (von Seite 6), 1 Kastenform (Größe 30 x 11 cm) (Backzeit für das doppelte Rezept in der Kastenform bei Ober-/Unterhitze: etwa 170 °C 60–65 Minuten, in den letzten 15 Minuten mit Backpapier zudecken.), 8–9 EL Aprikosenkonfitüre, 1 EL Wasser

Zutaten für die Deko: 750 g Puderzucker, gelbe und rote Speisefarbe, 100 g Marzipan-Rohmasse, 1 EL Puderzucker, 2 orange Fruchtschnecken, 3 Lakritzschnecken, 1 rote Fruchtschnecke, 4 runde Kekse (mit Schokolade überzogen)

1. Zweimal das doppelte Rezept in einer Kastenform backen. **2.** Einen Kuchen auf der Oberseite sowie an den Seiten gerade schneiden und umdrehen. Beim zweiten Kuchen an der Oberseite für das Fahrerhaus eine kleine Stufe schneiden. **3.** Aprikosenkonfitüre durch ein Sieb streichen, mit Wasser unter Rühren aufkochen. Den zweiten Kuchen mit der Konfitüre auf den ersten Kuchen kleben. Den gesamten Kuchen damit bestreichen. **4.** Puderzucker mit Wasser zu einer dickflüssigen Masse verrühren, mit gelber und roter Speisefarbe orange einfärben. **5.** Marzipan mit 1 Esslöffel Puderzucker verkneten und ausrollen. Mit dem Messer ein großes Fenster und zwei kleine Fenster für das Fahrerhaus ausschneiden. **6.** Zwei orange Fruchtschnecken auseinanderrollen. In vier ca. 30 cm lange Streifen für die Unterteilung des Laderaums schneiden. 3 Lakritzschnecken auseinanderrollen. Passende Streifen für die Umrandung der Fenster und die Stoßstange schneiden. Die rote Fruchtschnecke aufrollen und daraus zwei kleine Warnleuchten formen. **7.** Den Kuchen mit dem Puderzuckerguss überziehen. **8.** Die Marzipanfenster, die Lakritzumrandungen, die Lakritzstoßstange und die orangen Streifen auf den noch feuchten Guss kleben. Die Kekse als Räder anbringen. Die Warnleuchten auf das Fahrerhaus setzen.

63

IMPRESSUM

Unser Ratgeber- und Servicetelefon
Wünsche und Anregungen sind uns willkommen! Haben Sie Fragen? Benötigen Sie Hilfe bei der Zubereitung der Rezepte oder möchten Sie uns etwas mitteilen? Die Mitarbeiter des Dr. Oetker Verlages und des Verbraucherservices der Dr. Oetker Versuchsküche beantworten Ihre Fragen gern.
Versuchsküche: Tel. 0 08 00 71 72 73 74, Mo.–Fr. 8:00–18:00 Uhr (gebührenfrei in Deutschland)
Dr. Oetker Verlag: Tel. +49 (0) 521 52 06 50, Mo.–Fr. 9:00–15:00 Uhr

Umwelthinweis
Dieses Buch und der Einband wurden auf chlorfrei gebleichtem Papier gedruckt.
Die Einschrumpffolie - zum Schutz vor Verschmutzung - ist aus umweltfreundlichem und recyclingfähigem PE-Material.

FSC
www.fsc.org

MIX
Papier aus verantwor-
tungsvollen Quellen
FSC® C004592

Copyright
© 2014 by Dr. Oetker Verlag KG, Bielefeld

Rezeptideen und -entwicklung
Sabine Fuchs, München
Nick Holl, München

Grafisches Konzept und Titelgestaltung
FUCHS DESIGN, Sabine Fuchs, München

Titelfoto und Innenfotos
Rainer Hofmann, München

Redaktion
Susanne Raht, Hamburg; Carola Reich, Bielefeld

Reproduktionen
Mohn Media Mohndruck GmbH, Gütersloh

Druck und Bindung
Firmengruppe APPL, aprinta-Druck, Wemding

ISBN: 978-3-7670-1026-0